AF268136

DE POUILLY

Sires et Barons de Pouilly, Barons de Cornay et d'Inor; Barons puis Marquis d'Esnes, Comtes de Louppy-aux-deux-Chateaux, Barons de Jasney, de Manonville, de Ginvry, du Chauffour, de Fléville, Marquis de Lançon, etc. (en Lorraine et en Champagne); Comtes de Mensdorff-Pouilly (en Autriche).

Armes : *D'argent, au lion d'azur, armé, lampassé et couronné de gueules.* — Couronne : *De Marquis.* — Supports : *Deux griffons.* — Cimier : *Un pélican ai'é d'azur, avec sa piété.* — Devise : *Fortitudine et caritate.*

'illustration de cette maison remonte aux temps les plus reculés de l'histoire; elle est du petit nombre de celles, encore existantes, qui ont fait partie de l'ancienne chevalerie de Lorraine. (Voyez Dom Calmet, *Hist. de Lorraine*, t. V; Bermann, *Dissertation historique sur la noblesse et l'ancienne chevalerie de Lorraine*; Nancy, 1763, etc.) Sa filiation est littéralement établie depuis le Xe siècle, par titres authentiques, par admission dans les chapitres les plus nobles, et par la possession non interrompue des fiefs de Pouilly, d'Inor et de Martincourt, en Barrois.

Husson l'Écossais, en son Simple crayon de la noblesse de Lorraine et de Bar, dit qu'elle est « originaire d'Allemagne, d'anciens comtes fort illustres. » La nomenclature des principales maisons nobles de France que la marquise de Créquy donne, par ordre d'ancienneté, cite celle DE POUILLY l'une des premières, avec la qualification de *Nobilis et potens dominus* (*Souvenirs de la marquise de Créquy*, t. X.)

Elle doit son nom au château de Pouilly-sur-Meuse, à trois lieues de Stenay (en Barrois), domaine qu'elle a possédé sans interruption pendant plus de huit siècles, jusqu'à ce qu'elle en ait été dépouillée par suite des événements de la révolution de 1789; elle doit, de plus, son origine à l'ancienne maison D'ARDENNE-LORRAINE-BOUILLON, issue de sang royal, par Saint Arnoul, prince Mérovingien (1).

Autbert D'ARDENNE, dit *l'Orphelin*, parce qu'il perdit son père encore en bas âge (en 986), ayant été apanagé en Barrois par son cousin et parrain Thierry Ier, duc bénéficiaire de la Haute-Lorraine, et comte héréditaire de Bar, fut Sire de Pouilly-sur-Meuse, et qualifié COMTE, à cause de sa naissance. Il était sixième fils de Godefroi d'Ardenne, dit *l'Ancien* et *le Captif*, duc et comte héréditaire d'Ardenne, de Bouillon et de Verdun, et de Mathilde, fille d'Hermann DE BILLING, duc de Saxe, veuve de Beaudoin III, comte de Flandres, qu'il avait épousée en 963. (Père Anselme, *Hist. des grands officiers de la Couronne*, t. II, p. 745.) Il était frère de Godefroy III, dit *le Jeune*, et de Gothelon d'Ardenne, dit *le Grand* (2), ducs héréditaires de Bouillon et bénéficiaires de la Basse-Lorraine. Il épousa, en l'an 1007, Mahaut ou Mathilde DE NEVERS, fille de Landry Ier, comte de Nevers, et de Malthilde de Bourgogne. La postérité issue de ce mariage adopta le surnom de son apanage, selon la coutume de cette époque, en gardant encore pendant quelques générations le nom de la maison d'Ardenne, dont elle a, du reste, constamment conservé les armes. (*Recherches sur l'origine de la Maison de Pouilly*, Mss. de Pierre d'Hozier, *Juge d'armes de France, Biblioth. impér., Cabinet du Saint-Esprit.* — Voir aussi M. Jeantin dans ses *Chroniques de l'Ardenne et des Woepvres*, et dans son *Histoire de Chiny*.

(1) SAINT ARNOUL, comte de Chaumontois et duc de Mosellane, né au château de Lay-Saint-Christophe, à deux lieues de Nancy, créé *Domestique* (la première charge après celle de maire du palais) par Théodebert II, roi d'Australie, en 596, évêque de Metz en 611 (alias 614), puis créé maire du palais d'Austrasie, sous Dagobert Ier, en 622, conjointement avec Pepin de Landon, avait pour trisaïeul Albéron ou Albéric, quatrième fils de Clodion-le-Chevelu. Il mourut en 640, et son corps fut transporté, en 648, de Remiremont dans l'église des Apôtres de Metz, laquelle porta depuis le nom de Saint Arnoul. Il avait épousé DODE, qui, dans le même temps que son mari fut élu Évêque de Metz, se consacra au service de Dieu, à Trèves; il en avait eu deux fils : le premier, Saint Cloud, dont sont issus les ducs de Lorraine de la maison d'Ardenne; le second, Anchises ou Ansegise, aïeul de Charles-Martel, chef de la seconde race de nos rois, dite *Carlovingienne*.

(2) Bisaïeul de Godefroy DE BOUILLON.

Déjà, antérieurement à cette époque, le château DE POUILLY avait été possédé par un arrière grand oncle d'Autbert, Victor D'ARDENNE, connu sous le nom de Victor DE POUILLY *(Polliaco)*, comte de Woepvre, surnommé *l'Exterminateur des Normands*, dont le nom est cité avec éclat dans les batailles de Montfaucon, de Louvain, de Chaumont-Porcien, etc., en 889, 894 et 925 (Dom Le Long, *Hist. du diocèse de Laon*, 1775. — M. Jeantin, *Chroniques de l'Ardenne et des Wœpvres*, 1852). Il fut tué dans un combat sous les murs de Warcq, près Mézières, en 940, sans laisser de postérité mâle (Alard de Genilly, abbé de Signy, *Chroniques de Mézières*, 1455). Ses hauts faits d'armes sont célébrés par M. Lorin, professeur d'histoire au collége de Virton, dans un poëme héroïque intitulé *l'OEstling, ou la Belgique délivrée de la fureur des Normands*. Bruxelles, 1863.

La maison DE POUILLY a été représentée aux Croisades par trois chevaliers: Guillaume de Pouilly, en 1096 ; Lambert, sire de Pouilly, dit *l'Ancien*, en 1145 ; Englobrand de Pouilly, en 1250.

Elle a donné des chevaliers bannerets, des capitaines de cent hommes d'armes au service du roi de France et de l'empereur d'Allemagne ; des gouverneurs de places fortes, telles que celles d'Ivois, de Châtel-sur-Moselle, de Phalsbourg, de Bar-le-Duc, de Nancy, de Sainte-Menehould, de Casal (dans la guerre de Piémont sous Louis XIII), de Mézières ; dix gouverneurs de Stenay, depuis le XIIe siècle jusqu'en 1650 ; — des maréchaux et des sénéchaux du Barrois, des capitaines des Gardes, des chambellans et des gentilshommes, des conseillers d'État et intimes des ducs de Lorraine ; un chambellan du roi François 1er, un gentilhomme de la chambre de Henri IV, des lieutenants généraux, des maréchaux de camp, des brigadiers des armées du roi, des lieutenants des Gardes du corps, des mestres de camp et des colonels de régiments de leurs noms, une foule d'officiers distingués, dont un grand nombre sont morts sur les champs de bataille ; des grands-croix de Saint-Michel et de Lorraine, un commandeur et des chevaliers de l'ordre royal et militaire de Saint-Louis, des chevaliers de Saint-Georges, des chanoines-comtes de Brioude, des comtes de Lyon, des chanoinesses-comtesses de Remiremont et de Maubeuge, des députés du corps de la noblesse à différents États généraux ; un général de cavalerie (grade qui correspond à celui de maréchal de France), un ministre de la guerre en Autriche, un ambassadeur, des gouverneurs de province, des grands-croix de l'ordre impérial de Léopold d'Autriche, des chevaliers de l'ordre militaire de Marie-Thérèse, etc., etc.... Enfin elle a joui des Honneurs de la cour en 1775, sur preuves faites devant le généalogiste des ordres du roi.

Ses alliances directes ont été contractées avec les Maisons de Nevers, de Vergy, de Courtenay, de Lenoncourt, de Saulx, de Melun, de Triconville, de Ligniville, de Mantheville, de Berowart, de Thonne-le-Thil, de Gourcy, de Mercy, de Circourt, de Sainte-Maure, de Montfaucon, d'Orey, d'Awamey, d'Épinal, de Wal, de Brantscheit, de Warise, de Brandebourg, de Créhanges, de Noirfontaine, du Hautoy, de Busancy-Pavant, de Beaufort, de Grandpré, de Lellick, de Failly, de Bohan, de Commercy, de Lavaulx, de Raincourt, de la Fontaine d'Harnoncourt, de Maillard de Landres, de Saint-Beaussant, de Housse, de Chamisso, de Nettancourt, d'Haussonville, de Lameth, de Bouchavannes, d'Allamont, des Fours, de Heu, de Sappogne, de Heulles, de Vauclerois, de Mouzay, de Strinchamps, de Custine, de Malmedict, de Monthureux, de Bermand, de Chastenay, de Mathay, de Barthaucourt, de Comminges-Vervins, de Coucy, du Châtelet-Lorraine, de Redon de Dreux, de Pottiers, de Vaudrey, de Villiers-l'Isle-Adam, d'Aspremont, de Bryelle, de Saint-Ignon, d'Oley, d'Orthe, de Tige, de la Cour, de Walin, des Anche-rins, de Doncourt, de Sercey, d'Estivaux, de Sahuguet, de Vassinhac d'Imé-court, de Ligny, de Villelongue, d'Herbemont, de Gournay, de Joyeuse, de Tassart, de Hezecques, de Revigliasc, de Lardenoys de Ville, de Van der Straten, de Coudenhove, de Paviot, de Meckenheim ou Mecquenem, de Briey, de Beauffort, de Saxe-Cobourg-Gotha (alliance qui a donné à la branche de Pouilly-Mensdorff une affinité très-proche avec la plupart des têtes couronnées de l'Europe), de Dietrichstein, de Villantroys, de Saluces, de Lamberg, etc., etc.

FILIATION

I. Autbert D'ARDENNE, sire de Pouilly, épousa en ▪l'an 1007 (comme il a été dit plus haut) MAHAUT ou Mathilde, fille de Landry Ier, comte de Nevers, et de Mathilde de Bourgogne. Il eut deux fils :

> 1° Landry qui suit;
> 2° Raoul D'ARDENNE DE POUILLY, qui, en 1060, souscrivit avec son frère et Geoffroy Martel, comte d'Anjou, la charte d'Isembert, Évêque de Poitiers, pour la fondation du prieuré de Loudun. (François de Camps, *Nobiliaire historique de la France*, 1685 ; Mss., 9 vol. in-fol., t. I.)

II. Landry D'ARDENNE, sire de Pouilly-sur-Meuse, de Pouilly-sur-Saône (cette dernière seigneurie du chef de sa mère), d'Inor, de Martincourt et d'Avhiot, épousa l'héritière de Mirebeau et signa, en 1045, avec Guillaume, comte de Nevers, une charte de donation de Robert de France, duc de Bourgogne, à l'abbaye de Saint-Germain. (*Histoire généalogique des ducs de Bourgogne*, par André du Chesne ; 3 vol. in-4°, 1650, p. 8 des *Preuves*.) Il est mentionné, avec son frère Raoul, dans la charte d'Isembert, évêque de Poitiers, pour la fondation du prieuré de Loudun en 1060. (*V. supra.*) Il sous-crivit, en 1067, la charte de Robert de Nevers, dit *le Bourguignon*, sire et baron de Craon, son cousin, en faveur de l'église Saint-Clément de Craon, et il y est indiqué : *Landericus Arduennæ de Polliaco.* (*Cartulaire de l'abbaye de la Trinité de Vendôme.*)

Il fut père de :

1° Hugues qui suit ;

2° Eudes, qui, en 1092, signa la charte de Robert, comte de Bellesme, pour l'abbaye de Marmoutier (François de Camps, t. 1ᵉʳ) ;

3° Gilbert DE POUILLY, mentionné dans la charte de fondation du prieuré de Priès, près de Mézières, par le comte Arnoux II de Chiny, et dans une charte pour l'abbaye de Bèze, en 1114, qu'il signa avec son frère Hugues (Jeantin, *Histoire de Chiny*, p. 384, t. 1., François de Camps, t. III) ;

4° Mahaut D'ARDENNE DE POUILLY, première femme de Renaud DE NEVERS, sire de Craon, son cousin.

III. Hugues D'ARDENNE, sire de Pouilly, chevalier banneret, seigneur de Pouilly, de Mirebeau, d'Inor, de Martincourt, Breux, Avhiot, Toucourt, est dénommé dans plusieurs chartes des ducs de Lorraine des années 1069, 1092, 1093 et 1096 (Jeantin, *Histoire du comté de Chiny*, t. I, p. 462) ; en 1106, il assista à la consécration de l'église Saint-Bénigne de Dijon par le pape Pascal II et signa la charte de Hugues II, duc de Bourgogne, en faveur de cette église, 16 février, avec les principaux seigneurs du pays, tels que : Savary DE VERGY, Hugues DE GRANCEY et autres. Il avait épousé, en 1070, Aiglantine DE VERGY, fille de ce même Savary de Vergy, comte de Châlons, et d'Élizabeth DE COURTENAY, et tante de Guillaume III, comte de Châlons, et de Béatrix de Souabe, fille de l'empereur Frédéric, dit BARBEROUSSE. (André du Chesne, *Histoire généalogique des ducs de Bourgogne, Preuves*, p. 54 ; — le même, *Histoire de la Maison de Vergy, Preuves*, p. 111 ; — *Hist. de Bourgogne*, par Dom Plancher, t. I, p. 28 ; — François de Camps, t. II ; — *Mss.* de Pierre d'Hozier.) Etc.

Il laissa de son mariage :

1° Hermann qui va suivre ;

2° Guillaume DE POUILLY, chevalier croisé en 1096, cité par M. Roger au nombre des compagnons de Godefroy de Bouillon, son parent ;

> 3° Étienne D'ARDENNE, sire de Pouilly-sur-Saône, de Mirebeau, mentionné dans plusieurs chartes du cartulaire de l'abbaye de Saint-Bénigne de Dijon, de 1142, 1160, 1164. (*Voir* André du Chêne, Dom Plancher, *Gallia christiana*.) Il fut le bienfaiteur de l'abbaye de Rigny en 1165 (*Gallia christiana*, t. IV.) Il fit bâtir le château de Pouilly-le-Fort, près de Melun; et il est l'auteur de la branche des POUILLY de Bourgogne, dont les descendants faisaient encore partie des États de cette province à la fin du XVI° siècle.

IV. Herman ou Hermann D'ARDENNE, sire de Pouilly, chevalier seigneur de Pouilly, etc. est nommé avec son père, Hugues de Pouilly, dans une charte de Godefroi VI, duc de Bouillon, en faveur du prieuré de Saint-Dagobert, en 1095. (Jeantin, *Histoire de Chiny*, t. I, p. 462.)

De son mariage avec Jehanne, dont le nom patronymique est ignoré, on ne lui connaît qu'un fils, Lambert qui suit :

V. Lambert, sire DE POUILLY, dit *l'Ancien*, chevalier croisé, seigneur de Pouilly, Inor, etc., qui, en 1156, au retour d'un voyage en Palestine, fit don à l'abbaye d'Orval, par une charte de Sanson, archevêque de Reims, des terre et seigneurie de Toncourt, au pays de Liége, pour le repos des âmes de son père, Herman de Pouilly, chevalier, et de sa mère Jehanne. Il mourut en 1182, époque à laquelle cette donation fut confirmée par une sentence de Guillaume *aux blanches mains*, archevêque de Reims. (*Chartes extraites du Cartulaire de l'abbaye d'Orval.*)

Il fut père de :

> 1° Pousard ou Ponzard qui suit;
> 2° Lambert DE POUILLY, dit *le jeune*, chevalier (*miles*);
> 3° Richard DE POUILLY, archidiacre de Constance en 1205 (*Gallia christiana*, t. IX, p. 927).

VI. Ponsard ou Ponzard, sire DE POUILLY, chevalier, seigneur de Pouilly, etc., gouverneur de Stenay (*de Sathanaco*), mentionné dans la charte de Sanson DE MAUVOISIN, en 1156, était mort en 1206. Il laissa de sa femme Elizabeth : Richard qui suit et Mahuet.

VII. Richard, sire DE POUILLY, chevalier banneret, seigneur de Pouilly, Inor, etc., fit donation, en 1206, à l'abbaye d'Orval (par charte de WILHELME, grand-doyen et archidiacre de Trèves), du consentement de sa femme Marie et de ses héritiers, d'un muid de froment à percevoir annuellement sur son moulin de Moisy, pour le repos des âmes de Ponzard de Pouilly (Pouwilly) et d'Elizabeth, sa mère.

VIII. Richer, sire DE POUILLY, chevalier banneret, seigneur de Pouilly, Inor, Avhiot, etc., fils aîné de Richard, confirma la donation des dîmes d'Avhiot que son père avait données à l'abbaye d'Orval, en présence d'Arnoul VII, comte de Looz et de Chiny, et du consentement de sa mère Marie, de ses frères Nicolas et Richard, religieux, et se portant fort du consentement d'Englobrand, son autre frère, qui était en Palestine. Cette charte est datée du 1er juin 1230. Il avait épousé, en 1235, Estiennette DE NANCY-LENONCOURT, dont il eut :

IX. Aubert ou Aubertin, IIe du nom, chevalier, sire DE POUILLY, Inor, Martincourt, etc., son fils aîné; fut capitaine-prévôt de Stenay. Il donna son dénombrement à Thibaut, comte de Bar, le 22 juin 1265, et mourut en 1286, ayant eu de sa femme, Doulce DE TRICONVILLE, entre autres enfants :

X. Aubertin, IIIe du nom, sire DE POUILLY, etc., chevalier dénommé dans une charte d'Edouard Ier, comte de Bar, pour l'abbaye de Saint-Michel. Il rendit foi et hommage en 1286 et 1333. De sa femme Elwaïde DE MANTHEVILLE, qu'il avait épousée en 1308, il eut pour fils, entre autres :

> 1° Robert qui suit;
> 2° Lionneaux DE POUILLY, chevalier, capitaine de cent hommes d'armes des ordonnances de l'empereur d'Allemagne, en 1354.

XI. Robert, sire DE POUILLY, d'Inor, Martincourt, Avhiot, Moisy, chevalier, rendit foi et hommage à Robert, duc de Bar, le 20 septembre 1352. Il avait épousé, en 1357, Hélizande DE LIGNIVILLE-ROZIÈRES, dont il eut :

XII. Aubertin IVe, chevalier, sire de Pouilly, Inor, Martincourt, Moisy, Avhiot, Linay, Luzy, etc., figure dans un compte de la prévôté de Stenay, en 1355. Il rendit foi et hommage au duc Robert de Bar, en 1376. Il avait épousé, en 1368, Hélène DE THONNE-LE-THIL, qui l'a rendu père de :

XIII. Aubertin Ve DE POUILLY, dit *le Vieux*, chevalier, sire de Pouilly, etc., fut gouverneur et prévôt de Stenay en 1405, et assista à la fameuse bataille d'Azincourt, où il combattit sous la bannière d'Edouard II, duc de Bar. De sa femme, Jeanne DE BÉROWART, qu'il avait épousée en 1393, il eut deux fils, Guillaume et Aubertin, auteurs des deux branches principales de la famille.

BRANCHE AÎNÉE

BARONS DE CORNAY ET DE FLÉVILLE, MARQUIS DE LANÇON ET DE SAINT-MARCEAUX

XIV. Guillaume DE POUILLY (l'aîné), gouverneur et prévôt de Stenay en 1422, fut seigneur de Pouilly, de Quincy, d'Autreville, Cervisy et autres lieux. Il épousa en secondes noces Alix DE MONTFAUCON, et en eut :

XV. François, sire DE POUILLY, chevalier, seigneur de Quincy, d'Autreville, Cervisy, Cesse et autres lieux ; marié en 1455 à Nicole D'OREY, dont il eut :

XVI. Henry DE POUILLY, chevalier, seigneur de Pouilly, Quincy, Baâlon, Autreville, Cervisy, etc., baron de Cornay, né en 1454, lieutenant de la compagnie d'hommes d'armes des ordonnances du roi, commandée par Robert de la Marck, duc de Bouillon, puis chambellan du roi François Ier. Etant veuf, il vint se fixer en Champagne et devint seigneur de Cornay, de Fléville, de Lançon, de Marcq, etc., par son mariage, contracté le 25 mars 1502, avec Jeanne DE GRANDPRÉ, fille et héritière de Gobert II, comte de Grandpré, sire de Cornay. Ce fut en sa faveur que la *Sirerie* de Cornay fut érigée en BARONNIE, par lettres patentes du roi Louis XII, en 1508. De ce mariage vinrent :

> 1° Louis DE POUILLY, chevalier, baron de Cornay, etc., qui fut député de la noblesse aux États généraux d'Orléans en 1560, puis colonel de l'infanterie de l'armée du prince de Condé et de l'amiral de Coligny, et qui contribua puissamment au gain de la bataille de la Roche-l'Abeille, le 14 juin 1569. (*Histoire de Charles IX*, par Varillas, 1685, t. II, p. 192 et suiv.) Il mourut, sans avoir été marié, en 1579.
> 2° Jean qui suit :

XVII. Jean DE POUILLY, chevalier, seigneur de Pouilly, baron de Cornay, seigneur de Fléville, Marcq, Lançon, Binarville, Vienne-la-Ville, Boureuilles, l'Echelle-Courtemont, Dompmartin-sous-Hans, épousa, le 13 décembre 1554, demoiselle Nicole DE CHAMISSO, dame d'Andevanne, dont :

XVIII. Louis DE POUILLY, chevalier, baron de Cornay et de Fléville, etc., gentilhomme ordinaire du roi Henri IV, mestre de camp de cavalerie, chevalier de l'ordre, nommé, après la prise de Stenay (15 octobre 1591), gouverneur de cette ville, où il soutint deux siéges contre le duc de Lorraine. (Dom Calmet, *Notice de Lorraine.*) Il a épousé : 1° le 4 septembre 1579, Philippine DE NETTANCOURT ; 2° le 27 mai 1581, Françoise DE LAMETH, fille de Philippe-François de Lameth, chevalier, vicomte de Laon et d'Anizy-le-Château. Il eut cinq enfants de ce mariage, entre autres :

1° Antoine qui suit ;

2° Claude DE POUILLY, chevalier, seigneur de Lançon, Binarville, Marcq et autres lieux, né en 1585, maréchal des camps et armées du roi, chevalier commandeur de son ordre, gouverneur de Casal en 1629, mort en 1633. Il avait épousé, le 18 mai 1620, Marie D'ESTIVAUX, dame de Mélimé, Montgon, Neuville, etc. Il eut pour fils :

A. Jean DE POUILLY, chevalier, marquis de Lançon, seigneur de Binarville, Marcq, Neufville, Mélimé, Montgon, Châtillon-sur-Bar, la Francheville et autres lieux, mestre de camp du régiment de cavalerie de son nom, lieutenant général des armées du roi, gouverneur de Mézières, grand cordon de l'ordre de Saint-Michel, cité dans la chronologie militaire de *Pinart*, et dans l'*Histoire de la maison du Roi*, par Le Pipre de Neuville, comme un des généraux les plus distingués de son temps. Il obtint l'érection de la terre de Lançon en MARQUISAT, par lettres patentes de 1680 et mourut à Mézières en 1685. De sa femme, Charlotte DE LIGNY, fille de François de Ligny, vicomte de Charmel, etc., qu'il avait épousée en 1659, il eut :

AA. Henri de POUILLY, chevalier, marquis de Lançon, né le 2 février 1662, mestre de camp de cavalerie (1692), enseigne des gardes du corps de la compagnie écossaise (1693), gouverneur de Sainte-Menehould, breveté en 1694 pour tenir rang de brigadier, mort au camp de Meiden des suites de ses blessures, à l'âge de trente-quatre ans, sans postérité. Il était chevalier de l'Ordre. (*Le Pipre de Neuville.*)

BB. Jacques DE POUILLY, chevalier, marquis de Lançon, après son frère, né en 1668 (en 1671, selon MM. de Sainte-Marthe), d'abord chanoine-comte de Lyon, abbé commendataire d'Orbais, puis premier guidon des gendarmes du Roi, avec rang de mestre de camp (2 décembre 1697), blessé mortellement en 1701 au siége d'Ath, en Hainaut, transporté dans son château de Mélimé et mort peu après sans postérité, le 24 avril. (*Le Pipre de Neuville.*)

CC. Henriette DE POUILLY, comtesse de Stainville, marquise de Lançon, après la mort de ses frères, chanoinesse-comtesse de Remiremont, morte à l'âge de soixante-cinq ans, le 24 janvier 1734, laissant tous les biens de la branche de Lançon à Charles-Adrien DE POUILLY, son cousin-germain, rapporté plus loin. Elle est la fondatrice du couvent de Lançon (en 1718).

XIX. Antoine DE POUILLY, chevalier, baron de Cornay, seigneur de Fléville, de Vienne-la-Ville, Dompmartin-sur-Hans, Courtemont-Boureuilles, Exermont, Rilly-aux-Oies, Day et autres lieux, né en 1582, lieutenant-colonel d'infanterie, perdit la vue au service du Roi, à la défense de l'île de

Ré contre les Anglais, le 8 novembre 1627, et fut nommé chevalier de l'Ordre. Il épousa, en 1624, Susanne DE POUILLY, sa parente, dont il eut huit enfants, entre autres :

> 1° César DE POUILLY, baron de Cornay, chevalier de l'ordre du Roi, brigadier de cavalerie, colonel d'un régiment de dragons de son nom (19 septembre 1672), blessé mortellement au combat de Turckeim, en Alsace, le 5 janvier 1675, et mort quelques jours après, sans postérité.
> 2° Charles qui suit.

XX. Charles DE POUILLY, chevalier, baron de Fléville, puis de Cornay, après la mort de son frère aîné, seigneur de Boureuilles, Courtemont, Flize, etc., commandant de la noblesse des bailliages de Vitry, Sainte-Menehould et Fismes en 1661, puis major commandant le régiment Royal-Cavalerie en 1672, mourut en 1718, à l'âge de quatre-vingt-huit ans. Il avait épousé, en 1659, Anne D'HERBEMONT, dont il avait eu seize enfants, entre autres :

> 1° César DE POUILLY, chevalier, baron de Fléville, marquis de Saint-Marceau, en 1701, major de cavalerie, chevalier de Saint-Louis, mort en 1704, lequel n'eut de sa femme, Charlotte DE POUILLY DE GINVRY, qu'un fils unique :
>> A. Charles-Antoine DE POUILLY, marquis de Saint-Marceau, etc., guidon des mousquetaires du Roi (rang de mestre de camp), en 1724, chevalier de Saint-Louis, mort en 1780, ne laissant que deux filles.
> 2° André qui suit :

XXI. André DE POUILLY, Iᵉʳ du nom, chevalier, baron de Cornay, seigneur de Marcq, Courtemont, Aubange, Sorbey, Esconny, etc., né le 7 décembre 1672, épousa, le 25 août 1710, demoiselle Marie-Gillette D'HERBEMONT, fille de Simon d'Herbemont, chevalier, seigneur de Charmois et autres lieux. Il fut lieutenant-colonel du régiment de la Ferté, et mourut en 1748, laissant pour fils unique :

XXII. Charles-Adrien DE POUILLY, chevalier, marquis de Lançon, seigneur de Marcq, Binarville, Neufville, Mélimé, Montgon, Châtillon-sur-Bar, la Francheville, etc., né le 8 janvier 1712, mort avant son père, le 5 octobre 1742. Ce fut lui qui hérita de tous les biens de la branche de Lançon, par testament de Henriette DE POUILLY, marquise DE LANÇON, morte en 1754. Il avait épousé, en 1741, sa cousine Marie-Joseph DE POUILLY DE CHARMOIS :

XXIII. André DE POUILLY, son fils unique, fut baron de Cornay et de Fléville, marquis de Lançon, seigneur de Marcq, de Binarville, de Sorbey, d'Aubange, de Thomme-le-Thil, de Lion, de Mont, de Saint-Pierre-sur-Vence, de Poix, de Champigneulles et autres lieux. Il est né en 1742, fut page en la grande écurie du Roi en 1758, et mourut au château de Cornay le 18 avril 1788. De son mariage avec Louise-Charlotte-Elisabeth DE LARDENOYS sont issus quinze enfants, entre autres :

> 1° Anne-Barbe DE POUILLY, née en 1767, chanoinesse-comtesse de Remiremont en 1785, mariée, en 1795, à Anselme-Ferdinand, baron DE COUDENHOVE;
> 2° Charlotte DE POUILLY, née en 1770, chanoinesse-comtesse de Maubeuge, en 1785, mariée, en 1795, à Joseph-Charles, Baron VAN DER STRATEN DE WAILLET (Belgique);
> 3° Anselme, marquis DE POUILLY, né en 1771, chevalier de Saint-Louis, 1815, ancien capitaine au régiment de la Reine (cavalerie), 1819, servit à l'armée de Condé en émigration, reçut le brevet de lieutenant-colonel et mourut sans postérité ;
> 4° Hortense DE POUILLY, chanoinesse-comtesse de Maubeuge, née en 1773;
> 5° Charles qui suit;
> 6° Louis-Xavier, dont l'article est rapporté plus loin;
> 7° Louise de POUILLY, née en 1782, reçue chanoinesse-comtesse de Remiremont, mariée en 1802 au général baron LORCET, chevalier de Saint-Louis, commandeur de la Légion d'honneur.

XXIV. Charles, marquis DE POUILLY, baron de Cornay, né le 25 janvier 1775, comte de Lyon 1785, chevalier de Saint-Louis, ancien chasseur noble à l'armée des Princes pendant l'émigration, a épousé, en 1803, Anne-Louise DE MECKENHEIM ou MECQUENEM décédée le 6 avril 1863. De ce mariage sont nés les trois enfants ci-après :

> 1° Louis-Anselme qui suit;
> 2° Louis-Gabriel-Théophile, comte DE POUILLY, né le 14 septembre 1806, marié le 22 mai 1844, à Victorine-Marie-Henriette DE VILLANTROYS, dont il a :
>> A. Anne-Louise-Gabrielle-Marguerite DE POUILLY, née à Charleville le 5 janvier 1846.
> 3° Louise-Charlotte DE POUILLY.

XXV. Louis-Anselme, marquis DE POUILLY, chef de nom et d'armes de cette antique maison, né à Laneuville près Stenay, le 2 décembre 1804, a épousé à Fontainebleau, le 2 décembre 1844, Jeanne-Charlotte-Alexandrine DE SALUCES, fille de Charles, marquis de Saluces (famille originaire du Piémont), et de Jeanne DE TOULONGEON. Elle est morte le 25 octobre 1859, et de ce mariage est issu :

> Ludovic-Charles-Albert, comte DE POUILLY, né le 3 septembre 1845.

DEUXIÈME RAMEAU

DE LA BRANCHE AINÉE

XXIV. Louis-Xavier, comte DE POUILLY, baron de Fléville, second fils d'André et de Louise-Charlotte DE LARDENOYS, né le 15 janvier 1777, fut reçu chanoine-comte de Lyon en 1785. Il a épousé, en 1807, Florence DE PAVIOT, dont il eut trois filles et le fils unique qui suit :

XXV. Alphonse, comte DE POUILLY, né au château de Charmois, en 1816, marié le 25 août 1841, à Pauline VAN DER STRATEN-WAILLET. De ce mariage sont nés les deux enfants ci-après :

> 1° Marie-Anne-Berthe-Louise DE POUILLY, mariée le 29 avril 1861, à Alphonse BÉRENGER, comte D'HERBEMONT, ancien capitaine de cavalerie, fils unique de Charles Bérenger, colonel de cavalerie, commandeur de la Légion d'honneur, substitué aux nom, titre et armes de son oncle Exupère-Alphonse, comte D'HERBEMONT, mort en 1858. De ce mariage est issu :
>
>> A. Charles-Alphonse-André-Ferry BÉRENGER D'HERBEMONT, né le 25 février 1862.
>
> 2° Albert-Louis-Alexandre DE POUILLY, né en 1845.

BRANCHE CADETTE

DE POUILLY-MENSDORFF

(EN AUTRICHE)

ette branche descend d'Aubertin DE POUILLY, V^e du nom, marié, en 1593, à Jeanne DE BÉROWART. Elle a pour auteur son fils cadet Aubertin VIe, seigneur d'Inor et de Martincourt, qui épousa, en 1419, Ermense de SAINTE-MAURE, et il fut le chef des barons de Pouilly et de Ginvry, comtes de Louppy, marquis d'Esnes, comtes de Mensdorff (en Autriche), etc.

Elle s'est divisée en plusieurs rameaux, savoir :

I. Celui des seigneurs et barons d'Inor et de Martincourt, éteint en 1655 et 1661, dans les maisons de Vassinhac-d'Imécourt et de Sahuguet de Termes. A ce rameau appartenaient :

1° Aubertin X° DE POUILLY, baron d'Inor, premier chambellan du duc de Lorraine, colonel d'arquebusiers à cheval, mort sur le champ de bataille en 1641 ;

2° Aubertin DE POUILLY, fils du précédent, tué à l'âge de dix-neuf ans, le 5 juillet 1649, au service du roi, étant capitaine de cavalerie ;

3° François, frère du précédent, tué au service du roi, le 24 août 1654, étant cornette dans le régiment de Fabert.

II. Celui des seigneurs d'Avhiot et de Voncq, qui se fondit dans le précédent et dans la branche de Cornay en 1616 et 1624.

III. Celui de Nouvion, éteint dans les maisons de Roucy et de Villelongue, en 1658 et 1656.

IV. Celui des comtes de Louppy, marquis d'Esnes, auquel appartenaient :

1° Gérard DE POUILLY, seigneur de Louppy, qualifié baron d'Esnes, etc., colonel du régiment de son nom, gouverneur de Châtel-sur-Moselle (1550), chambellan du duc de Lorraine ;

2° Nicolas-Simon DE POUILLY, chevalier de Saint-Georges, baron d'Esnes, par lettres patentes de 1592, seigneur de Louppy, etc., mestre de camp du régiment de cavalerie de son nom, gouverneur de Stenay (de 1572 à 1591), sénéchal du Barrois; chambellan, conseiller d'État et intime du duc Charles III, blessé grièvement et fait prisonnier au combat sous Beaumont-en-Argonne, où il commandait la cavalerie de Lorraine, le 14 octobre 1592 ;

3° Simon DE POUILLY (fils de Nicolas), créé comte de Louppy, par lettres patentes de 1627, marquis d'Esnes, par lettres patentes de 1655, baron de Manonville, etc. Il fut sénéchal et maréchal du Barrois, mestre de camp du régiment de cavalerie de son nom, gouverneur de Stenay (de 1595 jusqu'au 2 juillet 1652), conseiller d'État et intime, chambellan des ducs de Lorraine Charles III, Henri, François et Charles IV, etc. Il mourut en 1655, ne laissant de son mariage avec Françoise DE BERMAND que deux filles, dont l'aînée, Gabrielle-Angélique, comtesse de Louppy, née en 1607, épousa en premières noces, le 23 septembre 1625, Bernard DE COLIGNY, petit-fils de l'amiral, et neveu de Louise de Coligny, femme de Guillaume DE NASSAU, prince d'Orange, premier Stathouder de Hollande ; et en deuxièmes noces, le 7 juin 1650, Claude-Roger DE COMMINGES, marquis de Vervins. La cadette, Claude-Françoise-Angélique DE POUILLY, marquise d'Esnes, née en 1615, fut mariée : 1° le 9 août 1652, à Henri DU CHÂTELET-LORRAINE, marquis du Châtelet et de Trichâteau ; 2° en 1654, à Alexandre DE REDON DE DREUX, marquis de Pransac et de Montfort, dont une fille unique :

Françoise-Barbe DE REDON DE DREUX, laquelle épousa, en 1682, François DE PÉRUSSE, comte DES CARS, dont sont issus les ducs des Cars actuels :

V. Celui des seigneurs de Ruptz, de Boureuilles et de Cussigny, éteint en 1687, en la personne de Claude-François DE POUILLY, chevalier, seigneur de Ruptz, de Porcheresse et autres lieux, marié à Marie-Sidonie DE BANDE, mort sans postérité.

VI. Celui des seigneurs de Romagne, barons de Jusney et d'Esley, auquel appartenait Daniel, baron DE POUILLY, capitaine et gouverneur de Conflans et de Phalsbourg, chambellan du duc de Lorraine. Ce rameau s'est éteint en 1643, par le mariage de Catherine DE POUILLY, dernière héritière, avec René-Nicolas, comte DE LIGNIVILLE.

VII. Celui des seigneurs d'Amblimont et de Saint-Marceau, dont les biens passèrent, en 1704, à César DE POUILLY, baron de Cornay, et à Jean-Antoine DE VASSINHAC, marquis D'IMÉCOURT.

VIII. Celui des barons de Ginvry, issu des barons d'Inor, éteint en 1819, par le mariage de la dernière héritière, Louise-Agathe, baronne DE POUILLY, mariée, le 24 mai, à Jacques-Victor DE FRANCHESSINS, ancien capitaine d'artillerie.

IX. Et enfin celui des barons de Pouilly et du Chauffour, comtes de Mensdorff, qui subsiste encore de nos jours en Autriche. Ce rameau, issu du précédent, eut pour premier auteur :

XXI. Louis DE POUILLY, chevalier, seigneur et baron de Pouilly, seigneur et patron de Sainte-Marie-sur-Semois, d'Escombres, Sartaige, Mantheville, Pouru-Saint-Remy, Luzy, etc., colonel d'infanterie au service du duc de Lorraine ; il descendait au VIIIe degré d'Aubertin DE POUILLY, V^e du nom, seigneur d'Inor, et de Jeanne DE BÉROWART, et était second fils de Ferry de Pouilly, baron de Ginvry, et de Lucie DE MAILLART DE LANDRES. De son mariage contracté avec Marie DE POUILLY, sa cousine, il eut, entre autres enfants :

> 1° Albert qui suit ;
> 2° Louis-Ferdinand DE POUILLY, chevalier, seigneur d'Escombres, cornette de la deuxième compagnie des mousquetaires du Roi, avec rang de mestre de camp, 1704, lieutenant des maréchaux de France à Abbeville, chevalier de l'ordre royal et militaire de Saint-Louis. (*Histoire de la maison du Roi.*)

XXII. Albert DE POUILLY, chevalier, baron de Pouilly, seigneur du Chauffour, Sainte - Marie, Escombres, Sartaige, etc., premier capitaine, lieutenant-colonel des dragons de Catinat, épousa, le 6 mai 1699, Marguerite DE
CHAMISSO, dont il eut :

XXIII. Louis-Joseph DE POUILLY, baron de Pouilly et du Chauffour, etc.,
marié en 1719, à Lucie-Louise DE HÉZERQUES, dont un fils :

XXIV. Albert-Louis DE POUILLY, baron de Pouilly et du Chauffour, comte
de Roussy, seigneur de Pouru-Saint-Remy, de Quincy, de Luzy, etc., né
le 15 décembre 1751, lieutenant général des armées du Roi, mestre de
camp du régiment de Royal-Cravate (cavalerie), député de la noblesse du
bailliage de Verdun aux États généraux en 1789, commandeur de l'ordre
royal et militaire de Saint-Louis. Ce gentilhomme, ayant émigré avec les
Princes, fut nommé commandant du Luxembourg, et l'un des commis-
saires de la coalition de Champagne. Député par les princes français à la
cour de Berlin, il accompagna le roi de Prusse pendant la campagne de 1792,
avec ses deux fils, à qui il fit prendre le nom DE MENSDORFF, emprunté à une
dépendance du comté de Roussy. Il a épousé : 1° Marie-Antoinette DE VAS-
SINHAC D'IMÉCOURT; 2° en 1770, Marie-Antoinette-Philippine DE CUSTINE DE
GUERMANGE. Du second mariage sont issus :

> 1° Anne-Marie-Louise-Albertine DE POUILLY, née le 28 mai 1773, mariée, le 7 décem-
> bre 1793, à Louis-Marie-Hyacinthe, comte de BRIEY, baron de Landres;
> 2° Albert, baron DE POUILLY DE MENSDORFF, né en 1776, tué à la bataille de la Trébia,
> le 17 juin 1799, étant capitaine de dragons ;
> 3° Emmanuel qui suit;
> 4° Amélie DE POUILLY, née en 1779, seconde femme du comte de BRIEY, précité, en 1801 ;
> 5° Adélaïde DE POUILLY, née en 1787, mariée le 20 janvier 1809, à Jules-Charles-Ernest
> comte de BEAUFORT, morte en 1855.

XXV. Emmanuel DE POUILLY, comte DE MENSDORFF, né le 24 janvier 1777,
feld-maréchal-lieutenant au service d'Autriche, général de cavalerie (grade
qui correspond à celui de maréchal de France), ministre vice-président du
conseil aulique, chambellan et conseiller intime de l'Empereur, propriétaire
du régiment des hussards N° 1, grand-croix de l'ordre impérial de Léopold,
chevalier de l'ordre militaire de Marie-Thérèse, grand-croix de l'ordre du
Bain, grand-croix des ordres de Russie d'Alexandre-Newsky, de Sainte-Anne,
de l'Aigle blanc, commandeur de l'ordre royal de Saint-Henri de Saxe, etc.,
fut vice-gouverneur de Mayence et commandant général du royaume de
Bohême. Il a épousé le 2 février 1804 Sophie-Frédérique-Caroline-Louise,

princesse DE SAXE-COBOURG-GOTHA, sœur aînée de S. M. le roi des Belges et tante de la reine VICTORIA. Il est mort à Vienne le 28 juin 1852, laissant de son mariage les quatre enfants ci-après :

1° Hugo-Ferdinand, comte DE MENSDORFF-POUILLY, né le 24 août 1806, colonel du régiment de cuirassiers N° 4, chambellan de l'Empereur, commandeur et chevalier de plusieurs ordres, mort en 1842;

2° Alphonse-Frédéric qui suit ;

3° Alexandre-Constantin-Albert, comte DE MENSDORFF-POUILLY, né en 1814, feld-maréchal-lieutenant, aide de camp et chambellan de l'empereur d'Autriche, chef propriétaire du régiment de hussards N° 1, grand-croix de l'ordre impérial de Léopold d'Autriche, chevalier de l'ordre militaire de Marie-Thérèse, grand-croix, commandeur et chevalier de plusieurs ordres étrangers, ancien ambassadeur à la cour de Saint-Pétersbourg, gouverneur général civil et militaire de la Gallicie, a épousé, le 28 avril 1857, Alexandrine, princesse DE DIETRICHSTEIN-NICOLSBOURG.

4° Arthur-Auguste, comte DE MENSDORFF-POUILLY, né le 19 août 1817, chambellan impérial et royal, lieutenant-colonel du régiment du prince de Reuss, commandeur et chevalier de divers ordres, retiré du service en 1850.

XXVI. Alphonse-Frédéric, comte DE MENSDORFF-POUILLY, chef actuel de cette branche, né le 25 janvier 1810, est chambellan et membre de la chambre des seigneurs du conseil de l'Empire; ancien colonel de cuirassiers, commandeur de l'ordre impérial de Léopold d'Autriche, grand-croix de l'ordre du Christ de Portugal et de l'ordre de Léopold de Belgique, commandeur de l'ordre ducal de Saxe, d'Ernest le Pieux, etc... Il a épousé : 1° en 1843, Thérèse-Rose-Françoise, comtesse DE DIETRICHSTEIN, et en deuxièmes noces, le 51 mai 1862, Marie-Charlotte, comtesse DE LAMBERG. Du premier lit sont issues deux filles :

1° Victoire-Sophie-Thérèse DE MENSDORFF-POUILLY ;

2° Sophie-Julie-Marie-Emmanuelle DE MENSDORFF-POUILLY, mariée le 15 mai 1864, comte Frédéric-Charles DE KINSKY DE WCHINIC ET FETTON, chambellan de S. M. I. et R.